PANORAMICA

Due amiche – un amore

Anja Eickstädt · Dao Ngoc Mai

C. C. Buchner

Panoramica
Materialien zu italienischer Geschichte, Kultur und Gesellschaft

Due amiche – un amore
Erarbeitet von Anja Eickstädt und Dao Ngoc Mai
unter beratender Mitarbeit von Gritje Inserra und Martina Pavan
Sprachliche Beratung: Alessandra Bianchi

Dieses Werk folgt der reformierten Rechtschreibung und Zeichensetzung. Ausnahmen bilden Texte, bei denen künstlerische, philologische oder lizenzrechtliche Gründe einer Änderung entgegenstehen.

1. Auflage 1 5 4 3 2 1 2018 16 14 12 10
Die letzte Zahl bedeutet das Jahr dieses Druckes.
Alle Drucke dieser Auflage sind, weil untereinander unverändert, nebeneinander benutzbar.

Layout und Satz: tiff.any GmbH, Berlin
Illustrationen: Dao Ngoc Mai
Druck- und Bindearbeiten: creo Druck & Medienservice, Bamberg

www.ccbuchner.de

ISBN 978-3-7661-**4964**-0

Due Amiche
- Un Amore

Due amiche – un amore

I Personaggi

Lucrezia

Mi chiamo Lucrezia. Ho 16 anni e ho due fratelli più piccoli e due più grandi.
Come la mia migliore amica Alicia vado a scuola e frequento la seconda superiore. A scuola ricevo buoni voti.
Amo recitare nella compagnia teatrale della mia scuola.
Leggo molto e gioco a pallavolo.

Roberto

Mi chiamo Roberto e ho 16 anni.
In realtà, la mia famiglia è di Roma, ma poiché mio papà non trovava lavoro, ci siamo trasferiti a Palermo.
Non vedo l'ora di frequentare la mia nuova scuola e conoscere nuova gente. Spero di potere recitare al teatro perché questa è la mia passione segreta. Inoltre faccio spesso sport e mi piace fare passeggiate con il mio cane Luca.

Alicia

Sono Alicia e la mia famiglia è molto ricca. Abito con i miei genitori in una grande villa con una fantastica piscina e, poiché sono figlia unica, ottengo sempre quello che voglio.
Come Lucrezia ho 16 anni e anch'io frequento la 2ª. A scuola mi adorano tutti, soprattutto i ragazzi più carini …
Nel tempo libero non faccio mai i compiti, ma vado alle feste, vado in palestra, faccio sempre shopping.

Paolo

Sono Paolo, il fratello più grande di Lucrezia.
Come mia sorella anch'io vado a scuola, ma sono in 3ª. Mi interessano soprattutto le belle ragazze e naturalmente l'allenamento di calcio. Trovo molto noioso fare i compiti e studiare. Per questo preferisco andare alle feste e divertirmi.

Due amiche – un amore

Lucrezia e Alicia sono due amiche molto diverse.
Alicia è la reginetta della scuola, amata, ricca, bella e il tesorino di papà.
Lucrezia, invece, è la classica brava ragazza, gentile, carina, intelligente e soprattutto sempre disponibile.
Da quando le due si conoscono, condividono tutto – finché all'improvviso arriva Roberto, un nuovo studente. E tutto cambia …

Primo capitolo

"Ah, a proposito …", grida Alicia dalla sua grande cucina, "… hai sentito l'ultima?"
"No, che cosa?", rispondo perché non ho la minima idea di che cosa sta parlando. "Oh, Lucrezia, non sai mai niente – quest'anno arriva un nuovo studente. Credo che si chiami Roberto … sono molto curiosa di sapere com'è."
"Certo non sarà molto diverso dagli altri ragazzi della nostra classe."

Quando ho detto questa frase un giorno prima dell'inizio della scuola, non pensavo minimamente che questo nuovo ragazzo avrebbe cambiato tutto tra me e la mia migliore amica …

Il giorno dopo a scuola sono molto emozionata.
Per me è una sensazione bizzarra vedere tutta la gente dopo sei settimane di vacanza. Devo dire che non sono una persona molto amata perché tutti mi conoscono come la secchiona che riceve sempre buoni voti.
Qualcosa mi distrae dai miei pensieri – è prima la voce e poi il rumore delle scarpe della mia migliore amica. Minigonna nera, una camicia bianca con una scollatura audace e le scarpe rosse molto care … vestiti che mi fanno un po' sorridere. Generalmente, quando ci vediamo nel cortile della scuola, è molto difficile credere che siamo amiche. Io stessa non capisco, ma da quando l'ho aiutata in un tema in prima elementare siamo inseparabili.
Suona la campanella. Alicia mi prende bruscamente per un braccio e insieme entriamo in classe. La maggior parte dei miei compagni di scuola è già seduta, a parte alcuni che vogliono infastidire l'insegnante già il primo giorno di scuola scrivendo qualcosa di stupido alla lavagna. L'ultimo banco è vuoto. I due ragazzi, che solitamente sono seduti là, non vengono a lezione perché pensano che la scuola sia uno spreco di tempo.
Mi siedo al mio posto e metto i miei libri sul tavolo. Alicia fa lo stesso. Poi bisticcia con il suo ex-fidanzato, che ha cominciato a fischiare per farle vedere che gli piace com'è vestita.
"Ah, stai zitto!", risponde Alicia secca.
La campanella suona per la seconda volta e il professore Matarazzi entra in aula. È un uomo basso che ha sempre una ventiquattrore. Porta gli

1 **gridare:** rufen
5 **curioso, -a:** neugierig
8 **non minimamente:** nicht im Geringsten
10 **emozionato, -a:** aufgeregt
13 **la secchiona:** Streberin
14 **distrarre:** ablenken
16 **la scollatura audace:** gewagter Ausschnitt
18 **il cortile:** Schulhof
stesso, -a: selbst
19 **la prima elementare:** die erste Klasse *(Schule)*
20 **inseparabile:** unzertrennlich
21 **la campanella:** Schulklingel
23 **essere seduto, -a, -i:** sitzen
infastidire qn: jdn verärgern
25 **vuoto, -a:** leer
26 **lo spreco di tempo:** Zeitverschwendung
29 **bisticciare con qn:** sich mit jdm streiten
31 **stai zitto!:** Halt die Klappe!
33 **la ventiquattrore:** Aktenkoffer

occhiali e non ha più molti capelli. Alicia e io ci siamo sempre chieste se poteva piacere a una donna ...

"Buongiorno, ragazzi. Spero che le vostre vacanze siano state molto rilassanti e che vi siate divertiti." Con queste parole inizia la lezione d'italiano. "Prima di cominciare però, voglio presentarvi un nuovo compagno di classe. Roberto – entra in aula e presentati alla tua nuova classe." Poco dopo un ragazzo alto e di bell'aspetto apre la porta ed entra in classe. Accanto a me sento un sospiro ammirato di Alicia che si è seduta bene per fare una prima buona impressione. "Ciao, mi chiamo Roberto. Ho 16 anni e sono di Roma, ma la mia famiglia voleva trasferirsi assolutamente a Palermo. E ... adesso sono qui." La sua voce ha un'impressione sicura, nonostante si toccasse continuamente i capelli. "Roberto – siediti all'ultimo banco, per favore", dice il professore Matarazzi. Mentre Roberto si siede, Alicia mi dà un foglietto. Lo apro e lo leggo attentamente.

"Oh, dio, che figo – è mio, chiaro?!"

Tipico di Alicia, penso ... normalmente, questa frase non mi interessa perché i ragazzi non sono importanti per me ... ma devo confessare che un po' mi piace ...

36 **rilassante:** erholsam

41 **accanto a qn:** neben jdm
il sospiro ammirato: bewunderndes Seufzen
43 **trasferirsi:** umziehen
45 **nonostante:** obwohl

49 **il figo:** gutaussehender, toller Typ

Qualche domanda sul primo capitolo

1 Che cosa racconta Alicia a Lucrezia prima che la scuola cominci? Le racconta che ...
a. ha comprato un nuovo vestito.
b. ricevono un nuovo studente nella loro classe.
c. il suo cane è morto.

2 Come si chiama il professore di Alicia e Lucrezia e che cosa insegna?

3 Da dove viene Roberto e quanti anni ha?

4 Che cosa scrive Alicia sul foglietto che dà a Lucrezia?
Le scrive che ...
a. ha fame.
b. vuole ritornare a casa sua.
c. Roberto le piace.

italiano

Secondo capitolo

"Finalmente la campanella … pensavo già che questa lezione non sarebbe mai finita. Hai capito tu che cosa voleva dirci Shakespeare con la scena del balcone? Allora, io penso che Giulietta sarebbe dovuta scendere da Romeo, anziché fare tanto rumore per nulla, o no?"
Non so proprio che cosa rispondere alla sua domanda, per questo balbetto: "Sì … se avesse fatto questo, tutto sarebbe stato più facile."
Naturalmente ho un'opinione completamente differente perché sono una grande appassionata di Shakespeare, ammiro la sua poesia. Per questo ho deciso di fare parte della compagnia della mia scuola. Quest'anno è previsto *Romeo & Giulietta* e segretamente spero di ricevere il ruolo di Giulietta, ma in nessun caso volevo cominciare a litigare con Alicia – perciò le dico di sì. Ha un carattere così diverso dal mio – le sue conoscenze letterarie arrivano solo fino alle ultime riviste di moda.
"Che cosa fai adesso? Vai dalla tua stupida compagnia di attori?", mi chiede Alicia.
"Non è stupida – che c'è?"
"Hmm … secondo me questo teatro è senza senso – per oggi non sopporto più Shakespeare … ma … se ci fossero dei bei ragazzi che avessero il ruolo di Romeo – ma non ci sono … Allora, adesso ho il tempo di conoscere meglio Roberto. Che cosa pensi, ci starà?"
"Boh? Anch'io non lo conosco!"
"Esatto … allora l'abborderò io. Attenta! Guarda e impara."

Con queste parole Alicia va via, si rivolge a Roberto che non ha intuito niente e proprio in quel momento vuole uscire dall'aula. Non ho idea di che cosa ha in mente. Ma quando vedo il suo viso risoluto, capisco subito che cosa sarebbe successo.
Bam! – improvvisamente sento un rumore forte e Roberto e Alicia si trovano per terra. I libri e la borsa, tutto sparso per terra e Roberto con una faccia dolente perché si è fatto male al piede. Devo confessare che non avrei creduto Alicia capace di fare questo.
Questa tattica è molto vecchia: niente può impedirle di non urtare la vittima – naturalmente in modo accidentale – così da caderci sopra. In generale, tutto fila sempre liscio, ma questa volta Alicia aveva scelto i vestiti sbagliati. Il suo tacco a spillo ha lasciato un bel ricordino … quando Roberto solleva i suoi pantaloni, è ferito! La sua gamba sanguina per il taglio che solo le scarpe di Alicia potevano aver fatto.
"Oh cavolo! Mi dispiace molto, non ti ho proprio visto arrivare", si scusa Alicia tutta intenta a sistemare la sua minigonna.
"Di niente … hai un cerotto per caso?", dice Roberto tra il tranquillo e l'arrabbiato.
"Purtroppo no, ma ti posso accompagnare in caffetteria!"
Ovviamente, sono sicura che Roberto non rifiuterà. Alicia ha sempre successo con i ragazzi e per questo Roberto non può respingere la sua

3 scendere da qn: zu jdm hinabsteigen
5 balbettare: stammeln
8 la grande appassionata: großer Fan/große Liebhaberin
10 essere previsto, -a: aufgeführt werden
12 il carattere diverso: unterschiedlicher Charakter
14 la compagnia: Club/AG
17 sopportare qc: etw. ertragen/erdulden
22 abbordare: ansprechen/anbaggern
23 rivolgersi a qn: sich jdm zuwenden/auf jdn zugehen
intuire qc: etw. ahnen
25 avere in mente: vorhaben
il viso risoluto: entschlossener Blick
30 capace: fähig
31 la tattica: Taktik, *hier:* Masche
33 filare liscio, -a: wie am Schnürchen klappen
34 i vestiti sbagliati: die falschen Sachen
35 la gamba: Bein
sanguinare: bluten
il taglio: Schnittwunde
37 cavolo: Mist (*wörtl.:* Kohl)
39 il cerotto: Pflaster
42 rifiutare: ablehnen

proposta. Ma stranamente risponde: "No, grazie, hai fatto già abbastanza per me. Posso andarci da solo."
Si alza e va zoppicando verso l'aula.
Io invece vado da Alicia, scossa per la reazione di Roberto. Alicia è sconvolta quanto me, perché resta ferma e lo guarda confusamente andar via.
"Hai sentito per caso qualcosa?", domanda con tremore nella sua voce.
"Sì, perché? Non è andata male, hm? Almeno, adesso sa chi sei", provo a rincuorarla.
"Macché! Dici sul serio – è stato terribile, adesso certo mi odia!"
Poco dopo suona la campanella e sono felice di avere una ragione in più per andare alle prove in teatro il più presto possibile e di evitare una discussione con Alicia.

46 **zoppicare:** humpeln

50 **il tremore:** Zittern

52 **rincuorare:** aufmuntern, aufheitern

55 **evitare:** vermeiden

Qualche domanda sul secondo capitolo

1 Quale opinione hanno Alicia e Lucrezia a proposito di Shakespeare?

Alicia:

Lucrezia:

2 A che cosa vuole partecipare Lucrezia quest'anno?
a. allo spettacolo di teatro
b. al club di scacchi
c. all'allenamento di calcio

3 Che cosa fa Alicia per attirare l'interesse di Roberto?

4 Come reagisce Roberto a questo incidente?
a. Non vuole andare in caffetteria con lei.
b. Le dice di sì.
c. Vuole sapere il suo numero di telefono.

italiano

Terzo capitolo

Quando apro la porta della stanza del teatro, non vedo l'ora di conoscere nuova gente. Purtroppo, invece di incontrare nuove persone appassionate di teatro, entro in una stanza vuota. Non ci è voluto molto per vedere l'avviso che spiegava perché non c'era nessuno:

"La lezione di teatro è spostata a lunedì prossimo. Giovedì in palestra ci saranno i provini per i ruoli di Romeo e Giulietta.

Professor Rossetti"

Mitico … penso. Che cosa dovrei fare adesso? Assorta nei pensieri voglio andarmene – quando in quel momento mentre afferro la maniglia della porta, subito qualcuno l'ha aperta in tutta fretta. L'unica cosa che ricordo prima di cadere a terra è un breve "Aua!". Tutto gira attorno a me e non vedo distintamente.

"Hey … puoi sentirmi? Tutto a posto? Devo chiamare il medico della scuola?", mi chiede una voce dal tono familiare ma che non so classificare.

"Bene, i tuoi occhi sono aperti. Puoi rialzarti? Aspetta – ti aiuto!"

Non riesco a vedere ancora chiaramente. Percepisco solo due mani grosse che provano a sollevarmi. Purtroppo questo tentativo non funziona perfettamente – le mie gambe non sono abbastanza stabili e per questo cado di nuovo.

"Oh cavolo, mi dispiace veramente. Stai bene? Ti sei fatta male?" Tuttora questa voce maschile sconosciuta mi riporta alla realtà per la seconda volta.

"Ahh … la mia testa …"

"Allora, sicuramente sarà una bella botta – ma adesso proviamo a rialzarci."

Sento il suo braccio che mi tiene fermo. Lentamente sono in grado di vedere qualcosa e quando guardo in faccia del mio aiutante, non posso crederci. È Roberto, e sono tra le sue braccia …

"Attenta, ora ti lascio, okay?"

"Sì, grazie, sto bene."

"Sei sicura? Vorrei evitare di doverti portare all'ospedale ancor più acciaccata."

Onestamente – scoppio a ridere nonostante mi tenessi al tavolo ancora un po' frastornata.

"Dimmi – come ti chiami? Sei nella mia stessa classe, giusto?", mi chiede.

"Lucrezia. Sì, devi essere il nuovo studente, Roberto."

In qualche modo è difficile per me dire una frase sensata perché da una parte non riesco a stare da sola in piedi e dall'altra parte il suo dolce sorriso mi confonde.

"Dimmi, che cosa volevi fare in questa aula a parte darmi la porta in faccia?"

Ride e si vede che questa situazione è un po' spiacevole per lui.

4 **l'avviso:** Nachricht, Mitteilung
5 **essere spostato, -a:** verschoben werden
la palestra: Turnhalle
8 **mitico, -a:** super, cool
essere assorto, -a nei pensieri: in Gedanken versunken sein
9 **afferrare:** greifen
la maniglia: Türknauf
10 **la fretta:** Eile
11 **cadere:** fallen
girare: drehen
13 **Tutto a posto?:** Alles klar/in Ordnung?
14 **familiare:** vertraut
17 **percepire:** wahrnehmen
grosso, -a: *ugs.* stark
18 **il tentativo:** Versuch
22 **sconosciuto, -a:** unbekannt
25 **la botta:** Beule
27 **essere in grado di fare qc:** in der Lage sein, etw. zu tun
28 **l'aiutante:** Helfer/in
32 **acciaccato, -a:** schwer verletzt
34 **nonostante:** obwohl
38 **in qualche modo:** irgendwie
la frase sensata: sinnvoller Satz
40 **confondere:** durcheinander bringen, verwirren
43 **spiacevole:** peinlich

"Mi dispiace molto. In realtà volevo semplicemente andare alle prove della compagnia di recitazione. Ma mi sono sbagliato. Qui non c'è nessuno."
Cosa? Ho sentito bene adesso? Ha detto veramente che vuole partecipare alla compagnia? Certo deve essere a causa di questo mal di testa … ma invece di continuare a pensarci, gli mostro l'avviso alla lavagna.
"Ahh, è chiaro. Anche tu vuoi partecipare alla rappresentazione teatrale?"
"Sì, spero di ricevere il ruolo di Giulietta – per questo non devo perdere l'audizione di giovedì."
E lui, per quale ruolo si interessa? penso. Forse Romeo? Purtroppo non ho potuto domandarglielo perché all'improvviso suona il mio cellulare con la canzone del coccodrillo. Avevo ricevuto un SMS con queste parole:

48 il mal di testa: Kopfschmerzen

55 il cellulare: Handy

Lucrezia, gioia – che cosa fai ancora a scuola – non dovevo venirti a prendere?

"Oh, cavolo, mi dispiace Roberto, ma mi aspettano …"
"Ma, non devo …" Non ho sentito le sue ultime parole perché praticamente sto già correndo lungo il corridoio della scuola. Fuori la macchina di mio papà mi aspetta già …

Qualche domanda sul terzo capitolo

1 Quando c'è il prossimo appuntamento del club di teatro?
a. lunedì
b. martedì
c. mercoledì

2 Quando ci sono le audizioni per *Romeo & Giulietta?*
a. martedì
b. mercoledì
c. giovedì

3 Perché Lucrezia cade? Cade perché …
a. incespica.
b. è stata spinta.
c. Roberto la colpisce con la porta.

4 Chi le scrive un SMS?

Quarto capitolo

Durante tutto il viaggio ripenso a Roberto e al suo bel sorriso. Non avrei pensato mai che un ragazzo come lui si sarebbe interessato al teatro. La maggior parte preferisce il calcio e trova le attività artistiche abbastanza noiose.

"Gioia … parli ancora con me? O sei troppo impegnata a considerare che non vuoi stare a sentirmi?"

"Cosa? Oh, mi dispiace, papà, che cosa hai detto?"

"Che cosa c'è che non va? Anche tua sorella era molto strana quando ha conosciuto il primo ragazzo – beh?"

"Addirittura, papà – che domande. Tutto va bene."

"Sicura?"

Annuisco energicamente con la testa. Per fortuna mio papà conclude con la frase "Va bene, ti credo."

Ma il suo sorriso mi dice che questo argomento non è ancora finito. Forse, anzi, ha ragione – per la prima volta penso ad un ragazzo che avevo appena conosciuto …

Quando arriviamo a casa nostra, i miei fratelli più piccoli mi salutano e mi chiedono di giocare a calcio un po' con loro. Dico "Sì, sì" perché mia mamma è stanca a causa dei suoi figli. D'altra parte, non è veramente semplice giocare un gioco corretto con loro. Appena perdono, cominciano a infastidirsi. E tutto finisce con un piagnisteo e raccontano ai miei genitori che è colpa mia, se stanno male.

Dopo torno in camera a riflettere sul mio "brutto" comportamento. Anche i miei genitori hanno bisticciato perché mio papà non apprezza il lavoro di mia mamma. Sì sì sì, anche noi siamo una famiglia normale …

I giorni seguenti a scuola sono sorprendentemente tranquilli. Forse perché non ho molte lezioni con Alicia. E quando ci incontriamo è abbastanza strana – probabilmente a causa di Roberto.

A proposito Roberto; tra noi c'è qualcosa di strano da quando è successo l'incidente nella stanza del teatro il primo giorno di scuola. Parliamo appena perché cerco sempre di evitarlo. Da un lato ho veramente paura che Alicia noti qualcosa e dall'altra parte non so come devo agire quando lo vedo.

"Lucrezia, dimmi, volevo chiedertelo da tanto, che cosa hai fatto sulla fronte?"

Oh cavolo, l'ho dimenticato completamente. Dopo l'incidente con Roberto sulla mia fronte c'è un bel livido, per giunta rosso – oh no, che cosa dovrei raccontare a Alicia … Dopo un po' mento tranquillamente: "Oh, questo – è il risultato di ieri quando ho giocato a calcio con i miei fratelli." Sembra che mi creda.

"Va bene. Spero che possa nascondere questa botta per la festa di oggi – comunque non voglio far brutta figura a causa tua."

Oh giusto, la festa, un'altra cosa che provo a evitare tutto il giorno. L'unica ragione perché Alicia ha bisogno di me è il fatto che devo farle da autista. Naturalmente non può andare in macchina da sola perché vuole assolu-

1 **il viaggio:** Reise, *hier:* Fahrt
il sorriso: Lächeln
2 **la maggior parte:** Mehrheit
5 **gioia:** Schatz, Schätzchen
8 **strano, -a:** merkwürdig, komisch
10 **addirittura:** *hier:* Ach, komm schon!
12 **annuire:** nicken
18 **giocare a calcio:** Fußball spielen
20 **appena:** sobald, gerade
21 **il piagnisteo:** Jammern, Geheule
23 **brutto, -a:** böse, schlecht
il comportamento: Verhalten
24 **bisticciare:** streiten, zanken
26 **sorprendentemente:** überraschend
30 **l'incidente:** Vorfall, Zwischenfall
31 **da un lato:** einerseits
32 **dall'altra parte:** außerdem, andererseits
35 **la fronte:** Stirn
37 **per giunta:** zu allem Übel, noch dazu
41 **nascondere:** verstecken
42 **far brutta figura:** sich blamieren
44 **l'autista:** Chauffeur/in

tamente bere qualcosa e dato che le migliori amiche si aiutano sempre, non ho altra scelta che accompagnarla.
Per me questa festa non sarà un'esperienza particolare perché come di consueto rimarrò nell'angolo più tranquillo a leggere il mio libro. I balli estremi, l'eccesso di alcool e la formazione di nuove coppiette, me lo vorrei proprio risparmiare.
"Allora, vieni a prendermi alle sei a casa mia e questa volta vestiti eleganti, chiaro?", dice Alicia mentre va avanti.

47 **la scelta:** Wahl
accompagnare: begleiten
48 **l'esperienza particolare:** besonderes Erlebnis
come di consueto: wie gewöhnlich
49 **l'angolo più tranquillo:** die stillste Ecke
i balli estremi: krasse Tänze
50 **l'eccesso di alcool:** Alkoholexzess
la formazione di nuove coppiette: Pärchenbildung
51 **risparmiare:** (er)sparen

Qualche domanda sul quarto capitolo

1 Quanti fratelli ha Lucrezia e che cosa vogliono?

2 A che ora deve andare a prendere Alicia?

3 Che cosa ne pensa Lucrezia delle feste?
- **a.** È assolutamente contenta che può andare a una festa.
- **b.** Per lei le feste non sono qualcosa di speciale, per questo preferisce leggere un libro.
- **c.** Non è mai stata a una festa e non sa che cosa succederà.

Quinto capitolo

Credo di aver suonato il clacson per la quinta volta, ma non vedo ancora Alicia. So che la festa comincia alle diciannove, ma dubito che saremmo arrivate puntuali se ha bisogno di più tempo per sistemarsi. Quando sto per andare al portone per suonare, in quel momento appare Alicia. All'inizio i miei occhi non riescono a vedere niente perché il suo vestito è luccicante come un lampadario. Inoltre porta alte scarpe dorate e i suoi capelli sono sistemati in una acconciatura riccia e selvaggia. Mentre la saluto, il suo profumo è così forte che starnutisco per circa dieci volte.

"Oh, sono talmente emozionata. Chi sa se verrà anche Roberto! Spero sia invitato anche lui. Ne sai qualcosa?"

Naturalmente so che Roberto sarebbe andato alla festa perché recentemente mi aveva chiesto se potevamo andarci insieme. Ma Alicia non deve sapere che abbiamo parlato – per questo faccio finta di non sapere niente.

Finalmente arriviamo alla festa e naturalmente Alicia è andata via nella folla. E io? Io sto da sola all'entrata e provo a riconoscere qualcuno.

Ma purtroppo non conosco nessuno qui. Per questo cerco un luogo tranquillo per aspettare Alicia. Per fortuna ho portato il mio libro, penso.

Entro in una stanza soletta, mi siedo per terra e apro il mio libro. Sto per cominciare a leggere le prime righe, quando sento piangere dall'altro angolo della stanza. Accendo la luce e vedo Luisa a terra che piange amaramente.

"Luisa, che è successo? Perché piangi?", chiedo con una voce ansiosa. Nessuna risposta. "Luisa, per favore, parla con me, voglio solo aiutarti."

"I ... i miei genitori ..."

"Che cosa c'è con i tuoi genitori?", voglio sapere.

"Mio papà ... lui ... no, non ci capisco più niente." Comincia di nuovo a piangere.

"Dai, Luisa ... non piangere, per favore, adesso sono qua."

Le accarezzo la testa e spero di tranquillizzarla.

"Aspetta, ho un'idea." Mi alzo e prendo dalla mia tasca un fazzoletto e una porzione di cioccolata. Per fortuna, Luisa li accetta ringraziandomi, sorride un po'.

"Grazie. Mi dispiace, ma in questo momento non posso fare niente", dice con una voce tremolante.

"Va bene, vuoi bere qualcosa?"

"No, grazie ... se ti racconto che cosa è successo ... mi prometti che sarà veramente il nostro segreto?"

"Certo te lo prometto, Luisa – nessuno saprà niente da me."

E così comincia a raccontarmi, che ieri lei e sua madre volevano andare a trovare suo padre e lo avevano visto con un'altra donna.

"Mia mamma era talmente triste, avresti dovuto vederla, non ha detto niente, ha solo fatto le valigie e poi ce ne siamo andate. Vuole divorziare ... non posso crederci – parlava in lacrime. Pensavo fossimo una famiglia."

"Oh cavolo, Luisa. Mi dispiace molto. Non so che cosa dire. Ma se vuoi, puoi dormire a casa mia oggi." Grata annuisce.

1 **il clacson:** Hupe
2 **dubitare:** (be)zweifeln
3 **sistemarsi:** sich fertig machen
4 **apparire:** erscheinen
6 **luccicante:** leuchtend
il lampadario: (Kron-)Leuchter
dorato, -a: golden
7 **l'acconciatura:** Zopf
riccio, -a: lockig
selvaggio, -a: wild
8 **il profumo:** Parfüm
starnutire: niesen
11 **recentemente:** neulich, letztens
15 **la folla:** Menschenmenge
19 **la riga:** Zeile
piangere: weinen
20 **accendere la luce:** das Licht anschalten
22 **ansioso, -a:** besorgt
29 **accarezzare:** streicheln
30 **il fazzoletto:** Taschentuch
31 **ringraziare qn:** jdm danken
34 **tremolante:** zitternd
42 **la valigia:** Koffer
divorziare: sich scheiden lassen

"Aspetta qui, devo solo trovare Alicia per dirle che lascio la festa." Ma purtroppo è più difficile di quello che penso. C'è tanta gente, che in parte ha bevuto alcool, mi spinge in tutte le direzioni. Qualcuno versa la sua birra sulla mia maglietta senza scusarsi.
"Oh cavolo – Alicia, dove sei?" mi domando disperatamente.
"Hmm, non so dirti dove è Alicia, ma forse sei contenta di vedermi." Qualcuno risponde alla mia domanda che veramente nessuno avrebbe dovuto sentire.
Mi volto e vedo Roberto e penso che il giorno può diventare migliore.
"Oh, hai avuto un piccolo incidente?"
Mi indica la mia maglietta umida che inoltre puzza tremendamente di birra.
"Haha, molto divertente – ascolta, mi dispiace, ma non ho molto tempo. Devo cercare Alicia."
"Sorry, non ho detto sul serio. Ti aiuto a cercare Alicia, ok?"
"No, grazie, divertiti. Faccio da sola." Dopo questa frase mi giro e vado via. Quando finalmente trovo Alicia in mezzo a una banda di soli ragazzi, mi arrabbio con me stessa per le mie maniere scortesi con Roberto – ma la situazione era semplicemente troppo stressante e spiacevole. Alicia è arrabbiata a causa del mio desiderio di ritornare a casa così presto. Si alza e lasciamo insieme la festa con Luisa in lacrime. Finalmente arriviamo a casa, i miei genitori sono seduti sul divano e guardano la TV. Quando mi domandano che cosa era successo, vado da loro a dargli un bacio e dirgli che gli voglio bene e che sono molto felice che fossero ancora felicemente sposati.
"Oh, sei un cretino, non voglio certo dormire con te in una stanza", sento Alicia gridare del piano superiore. Lei e Paolo, mio fratello maggiore, stanno litigando come sempre quando Alicia ci faceva visita.
"Dai, Alicia, sono sicuro che in realtà, ne hai voglia – ma sei troppo timida per ammetterlo."
"Certo che no ..."
Ho giusto il tempo per entrare nella mia stanza prima che Alicia chiuda la mia porta con un clamoroso "Rums!".

47 **in parte:** teilweise
48 **spingere:** schieben, stoßen
versare: ausgießen, verschütten
54 **voltare:** umdrehen, wenden
56 **indicare:** (auf etw.) zeigen
la maglietta umida: nasses T-Shirt
puzzare tremendamente di birra: furchtbar nach Bier stinken
62 **in mezzo a una banda:** mitten in einer Gruppe
63 **arrabbiarsi:** sich ärgern
la maniera scortese: unfreundliche Art
66 **in lacrime:** in Tränen, weinend
71 **il cretino:** Blödmann, Dummkopf
75 **ammettere:** zugeben
78 **clamoroso, -a:** laut, schallend

Qualche domanda sul quinto capitolo

1 A che ora comincia la festa?

2 Perché Luisa piange alla festa? Piange perché ...
- **a.** il suo cane è morto.
- **b.** i suoi genitori si sono lasciati.
- **c.** ha ricevuto un brutto voto.

3 Con chi bisticcia Alicia alla sera?

Sesto capitolo

Che notte! Mi metto a pensare mentre ci sediamo a tavola per colazione. Purtroppo dobbiamo andare a scuola e, a causa degli avvenimenti di ieri, nessuno riesce a concentrarsi. Soprattutto io sono preoccupata perché oggi vengono assegnati i ruoli per la rappresentazione teatrale *Romeo & Giulietta.*

Tremo davanti alla lista – "OH DIO … SÌÌÌÌÌÌÌÌÌ, ce l'ho fatta! Ho il ruolo di Giulietta!"

"Hmm, sarebbe grandioso, se potessi anche vivere con me, Romeo", dice una voce dietro me. All'improvviso, penso a chi avrebbe recitato "Romeo – Roberto Alessandro".

Non ci posso credere! È così strano come ultimamente ci siamo affrontati. E adesso le prove teatrali! Da un lato sono veramente molto contenta di me, dall'altra parte c'è ancora il problema che si chiama Alicia. Lei è completamente innamorata di Roberto. E devo confessare che anch'io lo sono.

Oh cavolo – che succederà ancora?

"Mi parli ancora? O sei troppo traumatizzata e infelice di dover recitare con me?"

"No, no. Sono veramente molto contenta. Ma adesso devo andare via. Al mio professore di matematica non piace aspettare."

"Che strano … ogni volta che ci vediamo, devi correre via."

Non sono sicura su cosa rispondere, ma ha ragione, cavolo, ma Alicia è la mia migliore amica …

Come se non bastasse, è apparsa proprio lei in quello stesso momento.

"Lucrezia – indovina che cosa ho qui."

Gesticola energicamente con un foglietto nelle sue mani davanti alla mia faccia.

"Il signor Matarazzi ha concesso il ballo autunnale. Avrà luogo presto. Non è fantastico? E io sono la persona che organizza tutto. Lucrezia – naturalmente, mi aiuti? È chiaro. Oh, Lucrezia – sarà così bello – abbiamo bisogno di una sala, un tema, musica, …"

Quello che ha detto dopo, non l'ho proprio sentito. Anche le cose che cerca di spiegarmi durante la lezione di matematica non le percepisco proprio. Ma all'improvviso capisco quello che dice:

"E sai, che cosa ho pensato? Ogni principessa ha bisogno di un principe, ho ragione? E adesso indovina chi sarà …?"

Naturalmente ho capito subito di chi parla, ma strano a dirsi spero che dica un altro nome.

"Dai, Lucrezia, devi solo pensarci un po' … non hai veramente un'idea?"

Scuoto la testa perché non voglio dire a che cosa sto pensando per tutto il tempo.

"Va bene, non voglio lasciarti senza dirtelo: lo chiederò a Roberto. Che te ne pare?"

Subito dopo queste parole mi rendo conto che il destino non mostra compassione con me.

2 **l'avvenimento:** Vorfall, Ereignis
4 **assegnare:** zuweisen, bestimmen
9 **all'improvviso:** plötzlich
11 **ultimamente:** zuletzt, letztens
affrontarsi: aufeinandertreffen, sich begegnen
14 **essere innamorato, -a di qn:** in jdn verliebt sein
24 **bastare:** reichen, genügen
28 **concedere:** bewilligen, genehmigen
33 **percepire:** wahrnehmen
35 **la principessa:** Prinzessin
il principe: Prinz
40 **scuotere:** schütteln
42 **Che te ne pare?:** Was hältst du davon?
44 **rendersi conto di qc:** sich über etw. klar werden
il destino: Schicksal
mostrare compassione: Mitleid zeigen

"Allora, la tua faccia mi fa capire che non sei d'accordo con me … o no?"

Devo fingere!!!

"No … cosa? Sì, naturalmente approvo e sono felice per te."

Mi abbraccia forte.

"Grazie mille, solo tu sei la mia migliore amica, che mi sopporta sempre."

Sì, sono veramente una buona amica, mi dico.

I giorni seguenti sono molto impegnata per svolgere tutti i compiti necessari per il ballo autunnale: stampare gli inviti, compilare le liste degli ospiti, scegliere i costumi – io organizzo tutte queste cose, mentre Alicia va dal parrucchiere per provare la decima pettinatura.

E ci sono anche le prove con Roberto … Noi ci capiamo sempre meglio e ci divertiamo insieme.

E per questo è successo qualcosa di inaspettato un lunedì pomeriggio.

"Hey, Lucrezia, dimmi, dove hai imparato a recitare così bene?", mi chiede Roberto quando ci siamo seduti sulle scale davanti alla scuola mentre mangiamo due gelati.

"Sin da bambina, volevo recitare, ma solamente adesso ci ho provato."

"E perché? Credo che avresti potuto avere un ruolo principale già prima."

"Credo di essere semplicemente troppo timida e di non avere molta fiducia in me …"

Questa domanda è un po' sgradevole per me e per questo guardo tristemente a terra. Roberto sembra averlo notato e così mi prende la mano.

"Fidati di me, sei veramente brava, Lucrezia – ma devi credere in te."

Sorrido e il mio viso diventa un po' rosso. Perché dice questo? Che cosa vuole dirmi con ciò? La mia domanda avrebbe trovato presto risposta perché il suo viso si avvicina al mio e mi guarda negli occhi.

Ma all'improvviso, di nuovo nel momento più inopportuno, suona il mio cellulare. Mi spavento tanto che il mio gelato cade sul mio vestito nuovo. Con questo il momento romantico finisce.

"Oh cavolo! Il mio vestito nuovo! Mia mamma mi ucciderà quando vedrà questa macchia."

Roberto mi dà ridacchiante un fazzoletto; è veramente deluso a causa di questa telefonata.

Provo inutilmente a grattare il gelato dal mio vestito, ma alla fine il fazzoletto è così imbevuto che lo stesso fazzoletto si è attaccato al vestito.

Perfetto, penso.

Perché devono capitare tutte a me?

"Chi era?", vuole sapere Roberto.

"Chi?" In quel momento, non capisco che cosa vuole sapere perché sono troppo impegnata ad arrabbiarmi per il mio pasticcio.

"La telefonata!"

"Ah sì, scusa. Aspetta – devo guardare."

Non poteva che essere una persona … Alicia.

Secondo me sapeva che Roberto voleva baciarmi.

"Ascolta, devo andare. Ho dimenticato di andare a prendere gli inviti."

47 **fingere:** sich verstellen
49 **abbracciare:** umarmen
53 **impegnato, -a:** beschäftigt
55 **gli ospiti:** Gäste
56 **il parrucchiere:** Friseur
61 **le scale:** Treppe
65 **timido, -a:** schüchtern
la fiducia: Vertrauen
67 **sgradevole:** unangenehm
69 **fidarsi di qn:** jdm trauen
72 **avvicinarsi:** sich nähern
73 **inopportuno:** unangemessen, unangebracht
74 **spaventarsi:** sich erschrecken
76 **uccidere:** umbringen
77 **la macchia:** Fleck
78 **ridacchiante:** schmunzelnd
80 **grattare:** kratzen, schaben
81 **imbevuto:** durchtränkt
83 **capitare:** passieren
90 **baciare:** küssen

"Organizzi anche il ballo autunnale? Hai chiesto già a qualcuno di andarci con te?" Perché mi domanda questo …

"Sì e no, probabilmente, andrò da sola, ma adesso devo veramente lasciarti."

Prima che possa dire una sola parola, sono già sparita.

Qualche domanda sul sesto capitolo

1 Che cosa apprende Lucrezia quando guarda la lista? Vede che …

a. Alicia e Roberto recitano insieme *Romeo & Giulietta.*
b. lei e Roberto recitano insieme *Romeo & Giulietta.*
c. Alicia e Paolo recitano insieme *Romeo & Giulietta.*

2 Quale avvenimento deve organizzare Alicia con Lucrezia?

3 Chi ha disturbato Lucrezia e Roberto quando si sono incontrati?

Settimo capitolo

"Lucrezia – va tutto bene? La mia gonna, qui sopra, la mia pettinatura? Non pensi che sia meglio il vestito rosso con il nastro? Ma se porto questo sono così carina e certo a Roberto piacerà se sono carina e dolce, ho ragione?"
Giro gli occhi dall'altra parte.
"Dai, è veramente molto importante per me, voglio che mi accompagni al ballo."
"Sei bellissima, Alicia. Eccolo sta venendo", rispondo e trovo semplicemente incredibile se oggi Roberto chiederà a Alicia di andare al ballo con lui.
"Augurami in bocca al lupo." Annuisco e Alicia va come una furia da Roberto. Non posso guardare quello che sarebbe accaduto e così me ne vado via.
Arrivata a casa mia, mi siedo sul letto e fisso il soffitto, riesco a pensare solo a una cosa. Le ha detto sì? Andrà veramente al ballo con Alicia? Oggi non l'ho vista a scuola e lei, d'altra parte, non si è fatta sentire. Veramente questo non è un suo tipico comportamento. Che sarà successo?
Bussano alla mia porta e mio fratello più grande, Paolo, si affaccia con la testa nella mia stanza. Sta ghignando – questo vuol dire che non ci sono delle buone notizie.
"Ciao, sorellina. Volevo dirti che qualcuno ti sta aspettando. Al posto tuo rifletterei bene se scendere o meno. Se vuoi, posso dire che non ci sei."
"Cosa? Perché? Che palle! Perché non dovrei accogliere le persone che mi vengono a trovare – allora, chi è?"
"Alicia – sta davanti al portone."
Subito, mi alzo dal mio letto, passo accanto a mio fratello e corro giù per le scale.
"Ahi, piano ... ma riflettici, Lucrezia – non dirmi dopo che non ti ho avvisato!", grida Paolo. Che cosa intendeva, lo avrei scoperto presto.
Aprendo il portone non mi aspetto di vedermela così brutta. Alicia sembra davvero arrabbiata. In seguito posso ritenermi fortunata che non mi sia saltata alla gola.
"Quanto tempo, eh? Da quando c'è qualcosa tra voi?", mi gridava Alicia.
"Mi dispiace, ma che c'è? Tra chi?" Riesco appena a pronunciare la mia frase che comincia a gridare per la seconda volta.
"Finiscila di fare finta di non sapere di che cosa sto parlando! E io che ho sempre pensato che fossimo amiche ..."
"Alicia, dico sul serio, ma non capisco di cosa parli."
"Va bene. Se hai ancora voglia di recitare la parte della persona innocente ... parlo di Roberto e di te, del fatto che preferisce andare al ballo con te invece che con me. E logicamente, mi pongo una domanda: perché Roberto vuole questo, se dici che non c'è niente tra voi?"

1 **la pettinatura:** Frisur
2 **il nastro:** Band
3 **carino, -a:** hübsch, lieb, nett
4 **girare gli occhi:** die Augen verdrehen
10 **in bocca al lupo:** viel Glück
11 **accadere:** geschehen
13 **fissare il soffitto:** an die Decke starren
18 **bussare:** klopfen
affacciarsi: sich zeigen
19 **ghignare:** grinsen
21 **al posto tuo:** an deiner Stelle
24 **Che palle!:** So ein Quatsch!
accogliere: empfangen
29 **avvisare:** warnen
30 **scoprire:** enthüllen, entdecken
32 **arrabbiato, -a:** böse
in seguito: im Nachhinein
37 **fare finta di:** so tun, als ob
40 **innocente:** unschuldig
42 **mi pongo la domanda:** da stellt sich mir die Frage

Sono traumatizzata … non so che cosa mi spaventa di più. Roberto che vuole andare al ballo con me o Alicia che reagisce violentemente.
"Hahaha, questa è meglio che al cinema … oh, sorellina, che cosa hai fatto questa volta? Non sapevo che sei molto amata dai ragazzi. Allora, Alicia – ti stai allenando, adesso che mia sorella è la preferita? – forse lo è perché sei ingrassata o mi sbaglio?" Paolo, seduto sulle scale, si sta immischiando e noi lo guardiamo attentamente, perché sembra avere una visione globale su questo scenario.
"Stai zitto e fatti i fatti tuoi – tutto questo non ti riguarda! Inoltre saresti il primo ad abbracciarmi sbavante", soffia Alicia contro mio fratello.
"Sì, baby, continua a sognare, forse nella prossima vita – neanche se fossimo gli ultimi due individui su questa pianeta", risponde Paolo e le lancia un bacio insolente nell'aria.
"Odio questa famiglia … odio te, tuo fratello, brutto e infantile … Non osare più farti sentire. Sapevi bene che Roberto mi piaceva, però lo hai abbordato lo stesso. Quello che è successo, non te lo perdonerò mai."
"Ma Alicia, aspetta per favore, non c'è niente tra noi, non so ancora che intende chiedermi."
Ma ormai non sente più le mie parole – scappa via fuori dal portone in lacrime …

48 **allenarsi:** üben, (sich) trainieren
49 **ingrassare:** dick werden, zunehmen
immischiarsi: sich einmischen
52 **questo non ti riguarda:** das geht dich nichts an
53 **sbavante:** sabbernd
soffiare: fauchen
54 **sognare:** träumen
56 **il bacio insolente nell'aria:** frecher Luftkuss
59 **perdonare:** verzeihen, vergeben

Qualche domanda sul settimo capitolo

1 Che cosa ha in mente Alicia all'inizio del capitolo?

2 Perché Alicia è arrabbiata con Lucrezia? È arrabbiata con lei perché …
a. Lucrezia non ha telefonato.
b. Roberto preferisce andare con Lucrezia al ballo autunnale.
c. Paolo racconta brutte storie su di lei.

Ottavo capitolo

In realtà, non voglio affatto andare a scuola, ho così tanta paura di incontrare Alicia. Nei giorni precedenti ho provato disperatamente a raggiungerla, ma non vuole più parlare con me. Come poteva essere successo? Non volevo farle del male per nessuna ragione.

Quel giorno, mentre scendo al secondo piano della scuola, Roberto mi viene incontro e sembra essere felice di vedermi.

"Hey, Lucrezia, come stai? Non ti ho visto da tempo e ieri non sei venuta alle prove. Sei malata?"

"No, Roberto, sto bene, ma non sono sicura di voler veramente recitare il ruolo di Giulietta."

"Cosa? Perché non vuoi farlo? Se pensi di non essere abbastanza brava, ti devo confessare che sei la migliore per il ruolo."

"No, non lo penso, è che adesso non ho molto tempo a causa della preparazione del ballo autunnale." Mentivo.

"No, non puoi farlo, ma io ho bisogno della mia Giulietta. E inoltre, volevo chiederti qualcosa di molto importante."

Oh no, adesso devo aspettarmi ciò che Alicia ha previsto?

"Sai, da tempo mi chiedevo se avessi voglia di venire con me al ballo autunnale?"

Alicia ha ragione, Roberto preferisce andare al ballo con me invece che con lei. Ma lo potevo fare o no? No, altrimenti avrebbe avuto ragione Alicia, con tutto quello che mi ha detto.

"Allora sai, adesso dovrebbe venire il momento in cui mi dai una risposta e non star zitta tutto il tempo."

Volevo andarci con molto piacere, ma a malincuore, rispondo:

"Ascoltami, Roberto. Tu mi piaci e sarei venuta molto volentieri con te al ballo, ma per me è semplicemente impossibile. Purtroppo non ho altra scelta."

"... Va bene. Penso che sia inutile chiederti perché, ho ragione?"

Infatti, sarebbe inutile. Va via con una faccia triste e mi lascia sola sulle scale.

La sera del ballo sto seduta nella mia stanza e mi sento male. Sono in tuta perché non voglio andare al ballo. Ho perso la mia migliore amica e anche il ragazzo che significa qualcosa per me.

"Gioia, sei sicura che non vuoi andare al ballo? Alla fine lo hai organizzato tu o sbaglio?"

È mio papà che è entrato nella mia stanza per verificare se sto veramente bene.

"Hey, papà, sei veramente gentile, ma non posso andare là. Al ballo ci sono troppe persone che non sarebbero entusiaste di vedermi."

"Vieni qua, gioia, tutto andrà bene. Tua mamma e io siamo sempre qui per te. Puoi sempre parlare con noi se hai un problema."

"Grazie, mi fa piacere."

Poco dopo aver chiuso la porta comincio a piangere.

2 raggiungere: erreichen

12 confessare: gestehen

16 chiedere: fragen

17 prevedere: vorhersehen

24 stare zitto, -a: still sein, den Mund halten

25 a malincuore: schweren Herzens

30 infatti: in der Tat, tatsächlich

32 la tuta: Freizeitkleidung

34 significare: bedeuten

37 verificare: nachsehen, prüfen

Sto usando il decimo fazzoletto quando qualcuno bussa di nuovo alla porta.
“Gioia, sono ancora una volta io. C’è qualcuno che vorrebbe parlarti, va bene per te?”, chiede mio padre.
“No, non voglio vedere nessuno”, dico con un tono che mostra chiaramente come mi sento male.
“Sei sicura che non vuoi parlare con me, Lucrezia?”, sento una voce che conosco bene. No, non è possibile – era vero? Per sincerarmi che non mi sbaglio apro la porta e intanto il cuore batte forte.
“Allora, vi lascio”, dice mio papà e ritorna in cucina.
“Perché sei qui? Pensavo che non volessi vedermi più?”, questo voglio sapere da Alicia, che sta davanti a me e porta un vestito magnifico rosso. Invece di rispondermi, Alicia mi abbraccia e mi stringe così forte che non posso più respirare.
“Ma Alicia – cosa ...?”, ho tentato di dire.
“Schhchh, adesso ascoltami. Mi dispiace molto se ho reagito così bruscamente. Per tutto il tempo non ho voluto capire che Roberto preferisce te a me, nonostante tu non volessi complicare la situazione. Chiaramente, sono triste ma non vale la pena perdere la mia migliore amica.”
Sto sognando? Ho sentito queste sagge parole uscire della bocca di Alicia? Quasi da non crederci, ma è proprio lei.
“Alicia, anche a me dispiace, non ho mai voluto ferirti – per questo ho negato la cosa con Roberto.”
“Sì, lo so, perché ultimamente ti ho osservato sulle scale. Ho visto anche l’espressione triste sul volto quando ti ha lasciato sola. E appunto in quel momento ho capito che gli vuoi molto bene. In ogni caso più di me. E per questo ho detto a Roberto che questa sera ti venga a prendere alle otto e quel giorno non potevi dirgli di sì perché i tuoi genitori non volevano che andassi al ballo.”
Va bene, adesso che tutto è chiaro, non può essere vero.
Alicia non lo avrebbe fatto volontariamente – senza un motivo. Mio fratello Paolo, che nel frattempo è entrato nella mia stanza e sembra seguire la conversazione, intuisce esattamente che cosa sto pensando e per questo dice:
“Tutto quello che ti ha raccontato è giusto. E credimi, non lo direi, se questo non fosse giusto, almeno a proposito Alicia.”
Per questa frase Paolo si è meritato una borsettata.
“Ahi! Cavolo, per una volta che dico qualcosa di gentile, guarda cosa ricevo in cambio? Benissimo ...”
Ancora sono scettica.
“Come fai a sapere queste cose? Eri là?”, chiedo a mio fratello incredula.
“No, ma diciamo che ho convinto Alicia.”
E così mi racconta che ha trovato Alicia che piangeva nel corridoio della scuola e aveva parlato di questo problema con lei.

57 **stringere:** drücken
58 **respirare:** atmen
61 **bruscamente:** barsch
63 **valere la pena:** die Mühe wert sein, sich lohnen
65 **saggio, -a:** weise, klug
la bocca: Mund
67 **ferire:** verletzen
68 **negare:** absagen, verneinen
70 **appunto:** genau
76 **volontariamente:** freiwillig
82 **la borsettata:** Schlag mit der Handtasche
85 **scettico, -a:** skeptisch

"Sì, così abbiamo pensato a questa idea. Puoi ringraziarmi più tardi, sorellina. Ma ora dovresti cambiare i tuoi vestiti. Certo Roberto ti vuole bene, ma penso che non ami i pantaloni della tuta a fiorellini. Se lo respingi un'altra volta, sarà stato tutto inutile."

"Grazie, molto divertente. E è la verità quello che hai detto?"

"Sì sì – almeno per una volta nella tua vita potresti credermi – alla fine voglio il meglio per te."

Alicia guarda nervosamente l'orologio e all'improvviso è diventata la Alicia di sempre dicendo: "Allora adesso ti sbrighi – abbiamo solo una mezz'ora prima che Roberto arrivi. E ... non sei una ragazza proprio affascinante, se posso essere sincera."

Così mi sta comandando di nuovo come faceva sempre e mi preparo in 15 minuti.

"Hm ... allora, non è bella come me, ma comunque per Roberto sarà abbastanza", conclude Alicia ridacchiando.

"Dimmi, Alicia – se non puoi andare con Roberto al ballo, con chi andrai?", lo voglio sapere poco prima che Roberto suonasse al portone.

"Ahh, senti, visto che non c'era molta scelta, mi sono accontentata di quello che era rimasto ... e sì ...", dice balbettando.

"Torno ad aiutarla ... non c'era molta scelta, ma per fortuna ha trovato la giusta persona, che in ogni caso è la migliore", si immischia Paolo.

"E quale sarebbe la persona giusta, signor furbone? Dimmi – perché ti sei messo quel vestito?"

Invece di rispondere mette il suo braccio sulle spalle di Alicia, che diventa subito rossa.

"Sai, sorellina se approvi, vi accompagnerò al ballo. Naturalmente solo per badare a te."

Con queste parole guarda Alicia con uno sguardo malizioso.

"No, aspetta, non ci credo – voi due? Alicia, dimmi che mi sbaglio. Ma non potete tollerarvi. Litigate sempre. Inoltre tu sei mio fratello e tu sei la mia migliore amica – non è affatto possibile."

Mi sento male.

Ma all'improvviso, qualcuno suona al portone. È Roberto con un mazzo di fiori. Con il suo vestito sta proprio bene.

"Sono talmente contento che tutto sia filato dritto. Sei bellissima", dice mentre mi guarda in abito da ballo.

"Grazie. Anche tu stai benissimo."

E di nuovo, c'è questo momento, questo momento romantico e straordinario che c'è già stato tra di noi, ma questa volta non ci sono disturbi, né sensi di colpa, né domande pungenti, questo istante è solo per noi!

"Lucrezia, ti voglio bene e da molto tempo ..."

Roberto non riesce a continuare a parlare perché non resisto e lo bacio!

"Adesso, venite, piccioncini! È impossibile. In realtà vogliamo andare al ballo autunnale e non solo negli ultimi minuti", grida Alicia dal taxi. Roberto e io ridiamo e saliamo sul taxi.

92 il fiorellino: Blümchen
respingere: zurückweisen
100 affascinante: bezaubernd, faszinierend
104 abbastanza: genug, ausreichend
107 accontentarsi di qc: sich mit etw. zufrieden geben
108 rimasto, -a: übrig geblieben
balbettare: stottern
111 il furbone: Schlaumeier
113 la spalla: Schulter
116 badare a qc: auf etw. aufpassen, Acht geben
117 lo sguardo malizioso: verschmitzter Blick
119 tollerare: ertragen, *hier:* leiden
122 il mazzo di fiori: Blumenstrauß
124 tutto è filato dritto: alles hat geklappt
129 pungente: quälend
132 il piccioncino: Turteltaube
134 salire: einsteigen *(Fahrzeuge)*

Seduti là in quattro, non riesco a immaginarmi un altro luogo dove sarei stata meglio. Ma c'era ancora una cosa che era importante per me e per questo chiedevo Alicia: “Siamo di nuovo amiche?”

Prima aveva fatto una smorfia, ma poi si è messa a ridere perché ho fatto una faccia triste.

“Cavolo, Lucrezia, naturalmente siamo migliori amiche e neanche un ragazzo – mi dispiace Roberto – può cambiare qualcosa.”

“Oh cielo, sono così contento di essere un ragazzo e non pensare a tutte queste cose sentimentali”, ha detto Paolo e questa volta non c'è Alicia da sola a picchiarlo, ma anche sua sorella.

138 **la smorfia:** Grimasse

141 **cambiare:** ändern

144 **picchiare:** hauen, schlagen

FINE

Qualche domanda sul ottavo capitolo

1 Come reagisce Lucrezia quando Roberto le chiede di accompagnarla al ballo? Dice che …

a. approva con entusiasmo.
b. deve riflettere ancora.
c. rifiuta.

2 Perché alla fine Lucrezia va al ballo?

3 Con chi va Alicia al ballo?

TAXI